Impressum
Verlag: BABADADA GmbH, Nedderfeld 112 , 22529 Hamburg
Geschäftsführer / Verlagsleitung: Harald Hof
Druck: Books on Demand GmbH, In de Tarpen 42, 22848 Norderstedt

Imprint
Publisher: BABADADA GmbH, Nedderfeld 112 , 22529 Hamburg, Germany
Managing Director / Publishing direction: Harald Hof
Print: Books on Demand GmbH, In de Tarpen 42, 22848 Norderstedt

المدرسة

el colegio

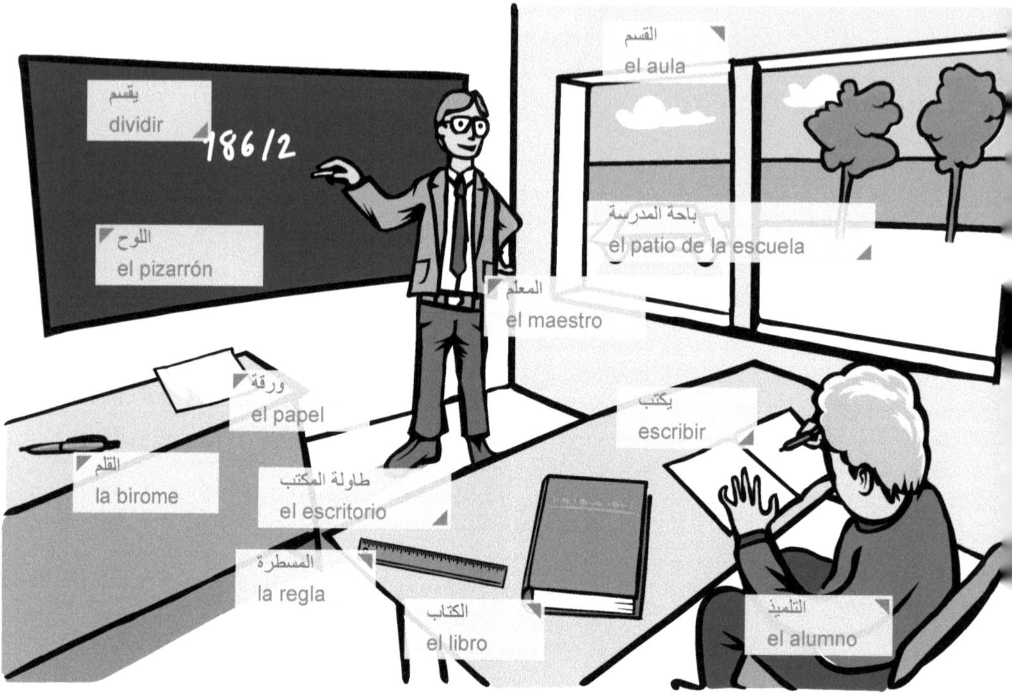

القسم
el aula
يقسم
dividir
186/2
باحة المدرسة
el patio de la escuela
اللوح
el pizarrón
المعلم
el maestro
ورقة
el papel
يكتب
escribir
القلم
la birome
طاولة المكتب
el escritorio
المسطرة
la regla
الكتاب
el libro
التلميذ
el alumno

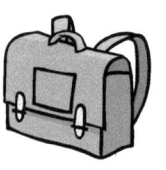

الحقيبة المدرسية

....

la mochila

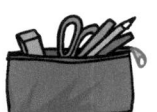

المقلمة

....

la caja de lápices

قلم الرصاص

....

el lápiz

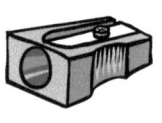

البرّاية

....

el sacapuntas

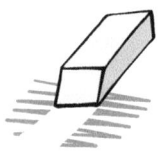

الممحاة

....

la goma (de borrar)

دفتر الرسم

....

el bloc de dibujo

الرسمة

el dibujo

الفرشاة

el pincel

علبة التلوين

la caja de pinturas

المقص

la tijera

المادة اللاصقة

el pegamento

دفتر التمارين

el cuaderno de ejercicios

الواجب المدرسي

la tarea

الرقم

el número

يجمع

sumar

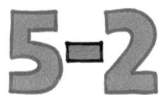

يطرح

restar

يضرب

multiplicar

يحسب

calcular

الحرف

la letra

الأبجدية

el abecedario

كلمة

la palabra

النص
el texto

يقرأ
leer

الطبشور
la tiza

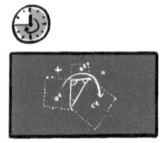

الحصة
la lección

دفتر الدوام المدرسي
el cuaderno de clase

الامتحان
el examen

شهادة
el certificado

اللباس المدرسي
el uniforme escolar

التعليم
la educación

الموسوعة
la enciclopedia

الجامعة
la universidad

المجهر
el microscopio

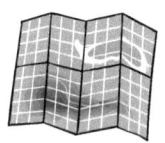

الخريطة
el mapa

قماما
el tacho (de basura)

سفر
el viaje

Grand
فندق
el hotel
بيت الشباب
el hostel
ROOMS
EXCHANGE
مكتب صرافة
la casa de cambio
حقيبة
la valija
سيارة
el auto

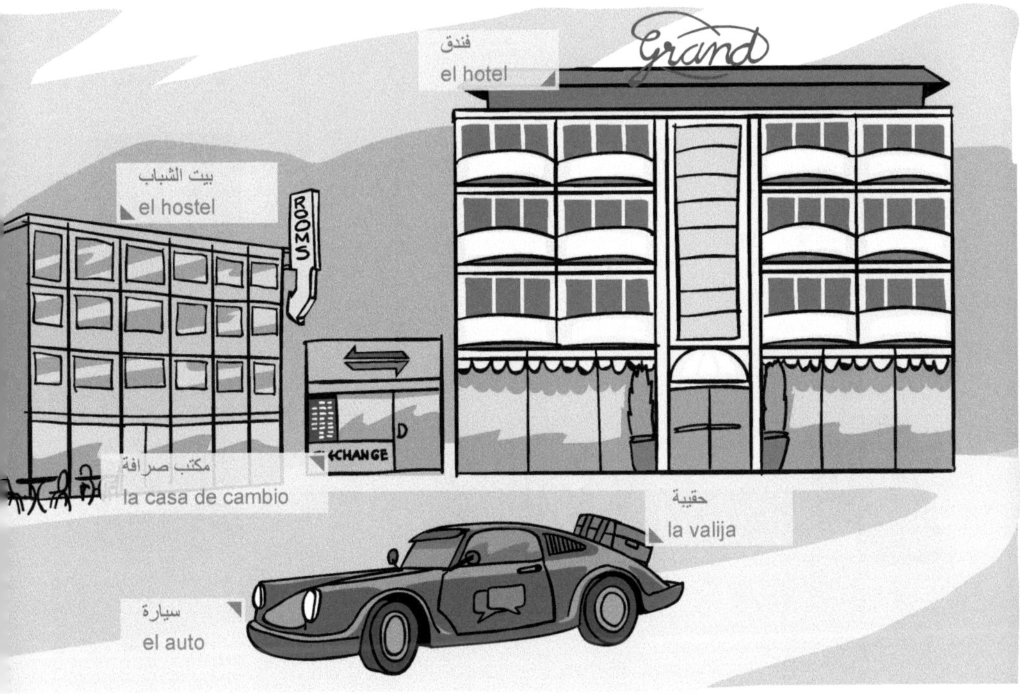

اللغة
el idioma

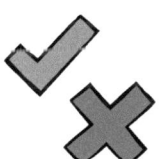

نعم / لا
sí / no

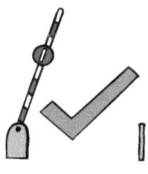

حسناً
Está bien

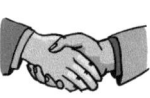

مرحباً
hola

مترجم
el traductor

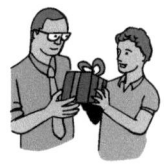

شكراً
Gracias

كم ثمن ... ؟

¿cuánto cuesta...?

لا أفهم

No entiendo

مشكلة

el problema

مساء الخير

¡Buenas tardes!

صباح الخير!

¡Buenos días!

ليلة سعيدة

¡Buenas noches!

إلى اللقاء

el adiós

اتجاه

la dirección

أمتعة السفر

el equipaje

حقيبة

el bolso

حقيبة ظهر

la mochila

ضيف

el invitado

غرفة

la habitación

كيس للنوم

la bolsa de dormir

خيمة

la carpa

استعلامات سياحية
....
la información turística

شاطئ
....
la playa

بطاقة ائتمان
....
la tarjeta de crédito

إفطار
....
el desayuno

طعام الغداء
....
el almuerzo

العشاء
....
la cena

بطاقة سفر
....
el pasaje

مصعد
....
el ascensor

طابع بريدي
....
el sello

حدود
....
la frontera

الجمارك
....
la aduana

سفارة
....
la embajada

تأشيرة
....
la visa

جواز سفر
....
el pasaporte

el transporte

طائرة
el avión

سفينة
el barco

سيارة إطفاء
la autobomba

حافلة
el colectivo

سيارة شاحنة
el camión

زورق آلي
la lancha a motor

دراجة
la bicicleta

سيارة
el auto

عبارة
el ferry

قارب
el bote

دراجة نارية
la moto

سيارة شرطة
el patrullero

سيارة سباق
el auto de carreras

سيارة مستأجرة
el auto de alquiler

أسلوب تشاركي في استئجار السيار
....
el alquiler de autos

سيارة للجر
....
la grúa

سيارة نقل القمامة
....
el camión de la basura

محرك
....
el motor

وقود
....
la nafta

محطة وقود
....
la estación de servicio

إشارة مرور
....
la señal de tránsito

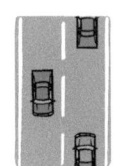

حركة السير
....
el tránsito

ازدحام سير
....
el embotellamiento

موقف سيارات
....
el estacionamiento

محطة قطار
....
la estación de tren

سكك حديدية
....
las vías

قطار
....
el tren

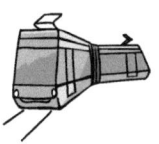

ترام
....
el tranvía

عربة قطار
....
el vagón

طائرة مروحية

el helicóptero

مطار

el aeropuerto

برج

la torre

مسافر

el pasajero

حاوية

el contenedor

علبة كرتون

la caja de cartón

عربة يد

la carretilla

سلة

la canasta

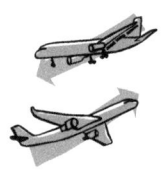

يقلع / يهبط

despegar / aterrizar

مدينة

la ciudad

قرية

el pueblo

مركز المدينة

el centro de la ciudad

بيت

la casa

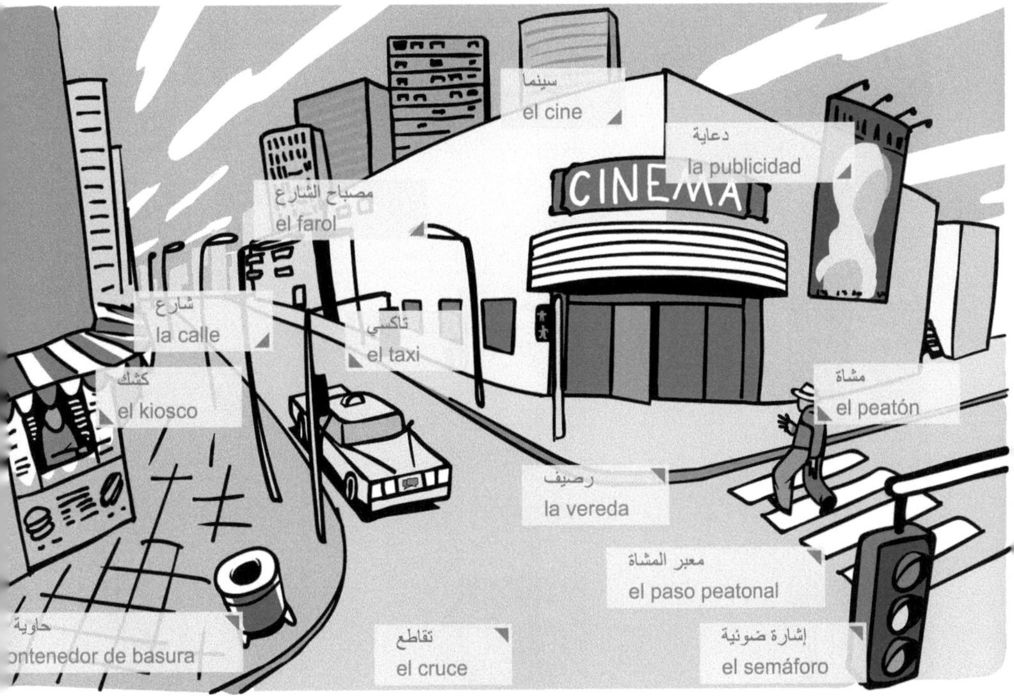
سينما
el cine
دعاية
la publicidad
CINEMA
مصباح الشارع
el farol
شارع
la calle
تاكسي
el taxi
كشك
el kiosco
مشاة
el peatón
رصيف
la vereda
معبر المشاة
el paso peatonal
حاوية
ontenedor de basura
تقاطع
el cruce
إشارة ضوئية
el semáforo

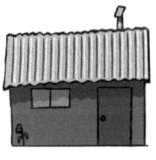

كوخ

la cabaña

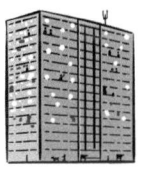

شقة

el departamento

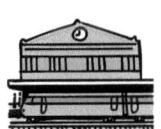

محطة قطار

la estación de tren

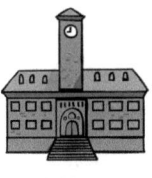

دار البلدية

la municipalidad

MUSEUM

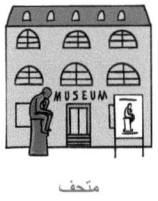

متحف

el museo

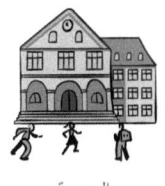

المدرسة

el colegio

الجامعة

la universidad

مصرف

el banco

المستشفى

el hospital

فندق

el hotel

صيدلية

la farmacia

مكتب

la oficina

مكتبة

la librería

متجر

el negocio

محل لبيع الزهور

la florería

سوبرماركت

el supermercado

سوق

el mercado

متجر كبير

las grandes tiendas

تاجر السمك

la pescadería

مركز تسوّق

el centro comercial

ميناء

el puerto

حديقة عامة

el parque

مقعد

el banco

جسر

el puente

درج، سلم

las escaleras

مترو

el subte

نفق

el túnel

موقف حافلات

la parada del colectivo

بار

el bar

مطعم

el restaurante

صندوق البريد

el buzón

لافتة باسم الشارع

el letrero

مقياس زمن الوقوف

el parquímetro

حديقة حيوانات

el zoológico

مسبح

la pileta

مسجد

la mezquita

مزرعة

la granja

تلوث البيئة

la contaminación

مقبرة

el cementerio

كنيسة

la iglesia

ملعب الأطفال

los juegos infantiles

معبد

el templo

طبيعة ريفية
el paisaje

ورقة
la hoja

علامة إرشاد
el poste indicador

طريق
el camino

مرج
la pradera

حجر
la piedra

شجرة
el árbol

رحالة
el excursionista

نهر
el río

عشب
la hierba

زهرة
la flor

وادٍ
....
el valle

جبل
....
la montaña

بحيرة
....
el lago

غابة
....
el bosque

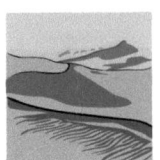

صحراء
....
el desierto

بركان
....
el volcán

قلعة
....
el castillo

قوس قزح
....
el arco iris

فطر
....
el champiñón

نخلة
....
la palmera

بعوض
....
el mosquito

ذبّانة
....
la mosca

نملة
....
la hormiga

نحلة
....
la abeja

عنكبوت
....
la araña

خنفساء

el escarabajo

ضفدعة

la rana

سنجاب

la ardilla

قنفذ

el erizo

أرنب

la liebre

بومة

la lechuza

عصفور

el pájaro

بجعة

el cisne

خنزير برّي

el jabalí

غزال

el ciervo

إلكة

el alce

سد

la presa

دولاب الطاحونة الهوائية

el aerogenerador

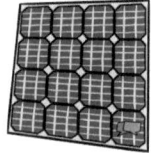

خلية شمسية

el panel solar

مناخ

el clima

el restaurante

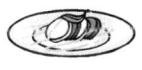

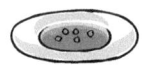

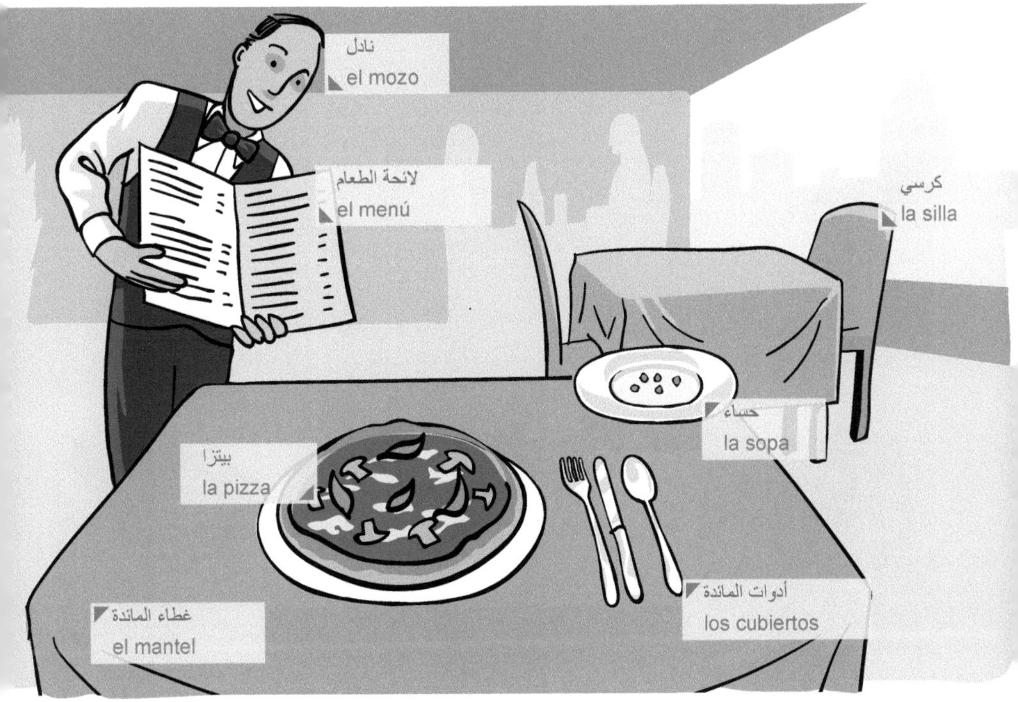
نادل
el mozo
لائحة الطعام
el menú
كرسي
la silla
حساء
la sopa
بيتزا
la pizza
غطاء المائدة
el mantel
أدوات المائدة
los cubiertos

مقبلات

la entrada

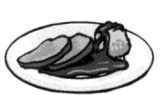

الصحن الرئيسي

el plato principal

حلوى أو فاكهة بعد الطعام

el postre

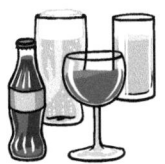

مشروبات

las bebidas

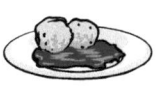

طعام

la comida

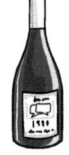

زجاجة

la botella

وجبات سريعة

la comida rápida

طعام الشارع

la comida callejera

إبريق الشاي

la tetera

علبة السكر

la azucarera

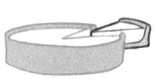

حصّة

la porción

آلة الإسبريسو

la cafetera expreso

كرسي عالٍ

la sillita alta

فاتورة

la cuenta

صينية

la bandeja

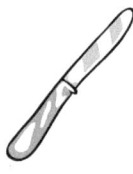

سكين

el cuchillo

شوكة

el tenedor

ملعقة

la cuchara

ملعقة الشاي

la cucharita

منديل المائدة

la servilleta

كأس

el vaso

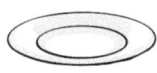

صحن

el plato

صحن الحساء

el plato hondo

صحن الفنجان

el plato

صلصة

la salsa

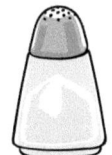

مملحة

el salero

مطحنة الفلفل

el molinillo de pimienta

خلّ

el vinagre

زيت الطعام

el aceite

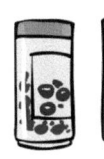

توابل

las especias

كتشاب

el kétchup

خردل

la mostaza

مايونيز

la mayonesa

سوبرماركت
el supermercado

عرض خاص
la oferta especial
زبون
el cliente
مشتقات الحليب
los lácteos
فواكه
la fruta
عربة تَسوّق
el changuito
FOR

BUTCHERS

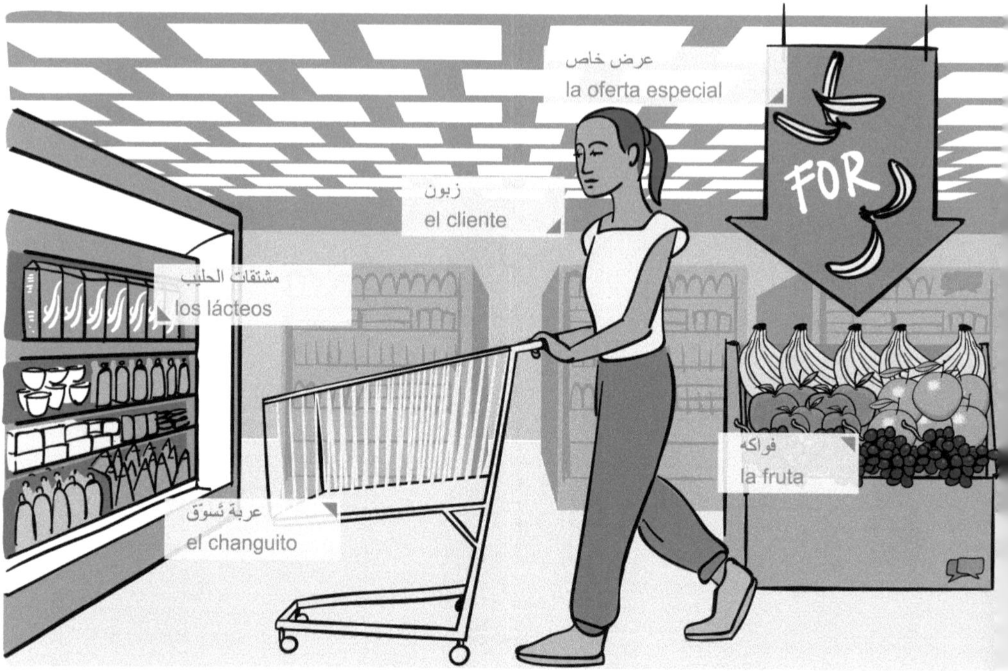

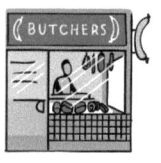

جزّار

la carnicería

BAKERY

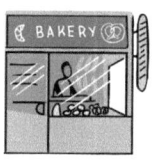

مخبز

la panadería

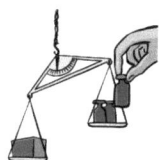

يزن

pesar

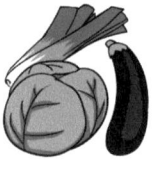

خضار

las verduras

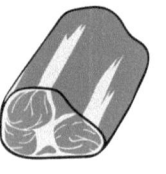

لحم

la carne

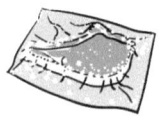

المأكولات المجمّدة

los alimentos congelados

مرتدلا أو جبن
....
los fiambres

معلّبات
....
los alimentos enlatados

مسحوق الغسيل
....
el detergente en polvo

حلويات
....
las golosinas

المواد المنزلية
....
los electrodomésticos

منظّفات
....
los productos de limpieza

بائعة
....
la vendedora

صندوق الحساب
....
la caja

أمين صندوق
....
el cajero

قائمة المشتريات
....
la lista de compras

أوقات العمل
....
el horario de atención

محفظة النقود
....
la billetera

بطاقة ائتمان
....
la tarjeta de crédito

حقيبة
....
la cartera

كيس بلاستيكي
....
la bolsa de plástico

las bebidas

ماء

el agua

عصير

el jugo

حليب

la leche

كولا

la bebida cola

نبيذ

el vino

بيرة

la cerveza

كحول

el alcohol

كاكاو

el cacao

شاي

el té

قهوة

el café

قهوة إسبريسو

el café expreso

كابوتشينو

el cappuccino

موزة

la banana

تفاح

la manzana

برتقال

la naranja

بطيخ

el melón

ليمون

el limón

جزرة

la zanahoria

ثوم

el ajo

خيزران

el bambú

بصل

la cebolla

فطر

el champiñón

لوزيات

las nueces

شعيرية

los fideos

سباغيتي

los tallarines

أرزّ

el arroz

سلطة

la ensalada

بطاطا مقلية

las papas fritas

بطاطا مقلية

las papas fritas

بيتزا

la pizza

هامبورغر

la hamburguesa

ساندويش

el sándwich

شريحة لحم مقلية

el churrasco

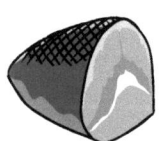

لحم خنزير

el jamón

سلامي

el salame

سجق

la salchicha

دجاج

el pollo

لحم محمر

el asado

سمك

el pescado

دقيق الشوفان

los copos de avena

موسلي

el muesli

كورن فلكس

los copos de maíz

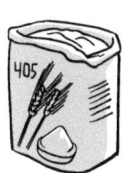

طحين

la harina

كرواسان

la medialuna

خبز صغير

el pancito

خبز

el pan

خبز محمص

la tostada

بسكويت

las galletitas

زبدة

la manteca

لبن زبادي

la cuajada

كعكة

la torta

بيضة

el huevo

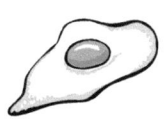

بيض مقلي

el huevo frito

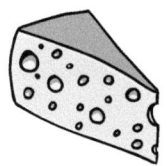

جبنة

el queso

مثلجات

el helado

سكر

el azúcar

عسل

la miel

مربّى الفاكهة

la mermelada

كريم النوغا

la pasta de chocolate

الكاري

el curry

مزرعة

la granja

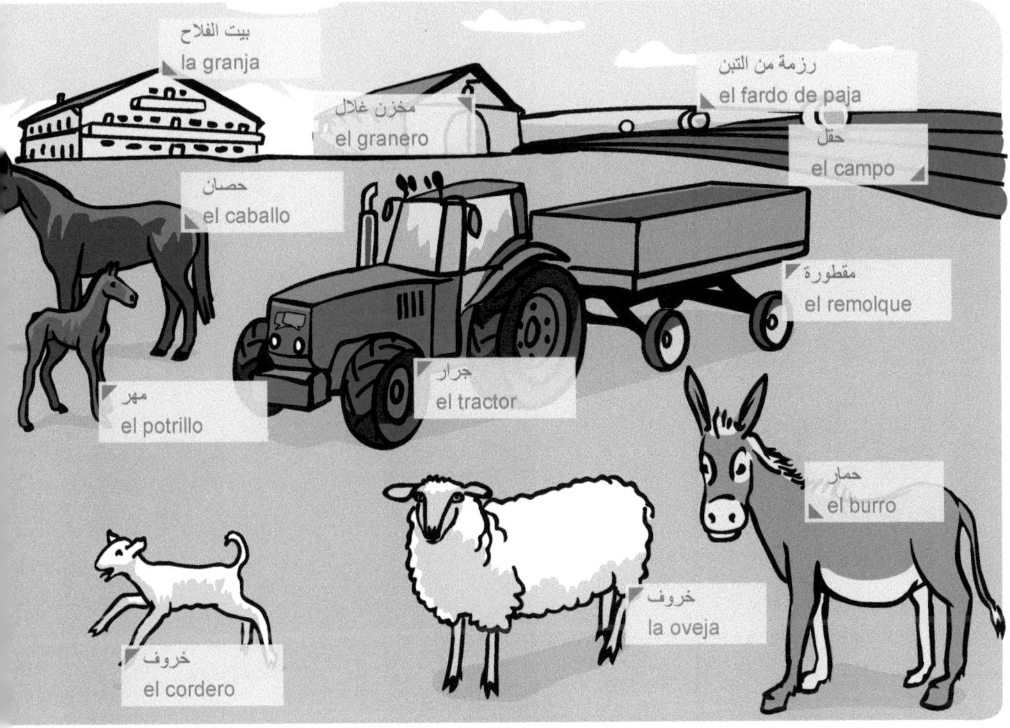
بيت الفلاح
la granja
مخزن غلال
el granero
رزمة من التبن
el fardo de paja
حقل
el campo
حصان
el caballo
مقطورة
el remolque
جرار
el tractor
مهر
el potrillo
حمار
el burro
خروف
la oveja
خروف
el cordero

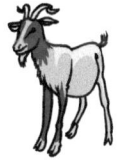

ماعز

la cabra

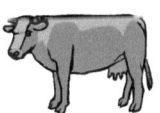

بقرة

la vaca

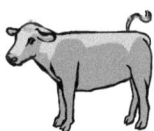

عجل

el ternero

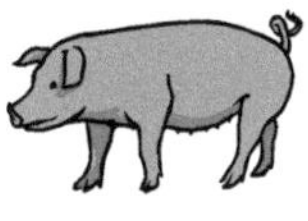

خنزير

el cerdo

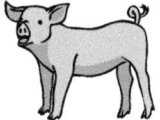

خنزير صغير

el lechón

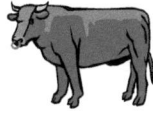

ثور

el toro

إوزّة

el ganso

بطة

el pato

صوص

el pollo

دجاجة

la gallina

ديك

el gallo

جرذ

la rata

قطّة

el gato

فأر

el ratón

ثور

el buey

كلب

el perro

كوخ الكلب

la cucha

خرطوم الحديقة

la manguera

إبريق

la regadera

منجل

la guadaña

المحراث

el arado

منجل
la hoz

معزقة
la azada

مذراة الزبل
la horquilla

بلطة
el hacha

عربة يد
la carretilla

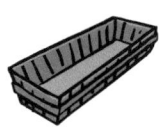

معلف
el abrevadero

صفيحة الحليب
la lechera

كيس
la bolsa

سياج
la reja

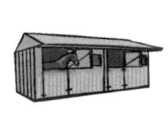

اصطبل
el establo

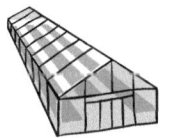

دفيئة
el invernadero

تربة
el suelo

بذور
la semilla

سماد
el fertilizador

حصّادة درّاسة
la cosechadora

يحصد

cosechar

محصول

la cosecha

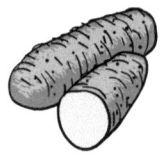

بطاطا يامس

las batatas

قمح

el trigo

صويا

la soja

بطاطا

la papa

ذرة

el maíz

سلجم

la semilla de colza

شجرة فاكهة

el árbol frutal

نبات منيهوت

la mandioca

الحبوب

los cereales

la casa

مدخنة
la chimenea

سقف
el techo

مزراب
el caño de desagüe

نافذة
la ventana

مرآب
el garaje

جرس الباب
el timbre

باب
la puerta

قمامة
el tacho de basura

صندوق البريد
el buzón

حديقة
el jardín

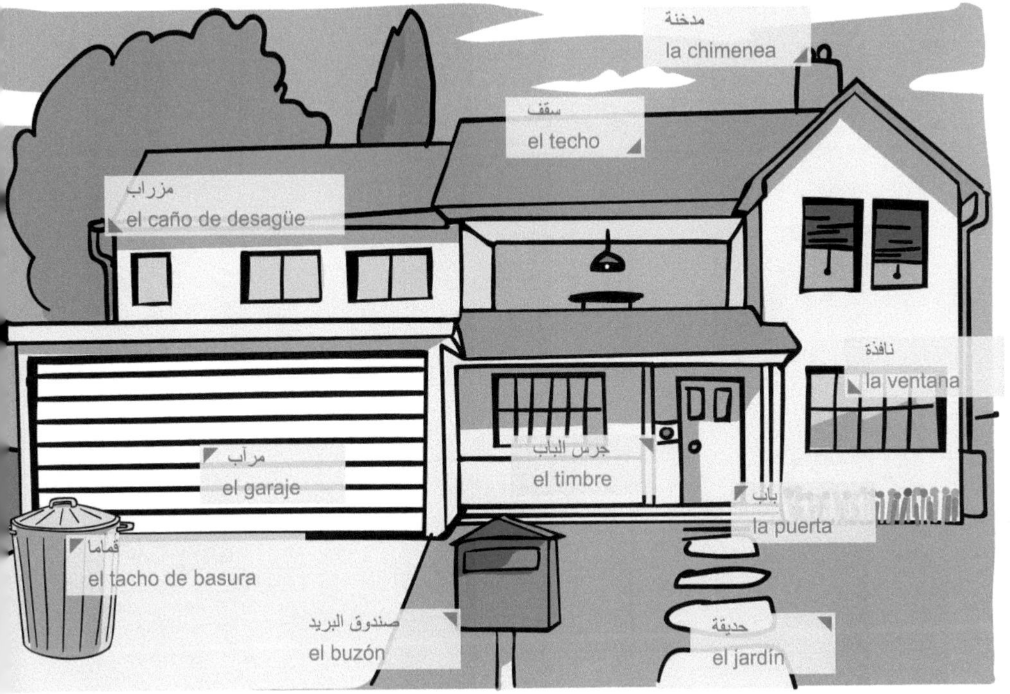

غرفة جلوس
....
el living

الحمّام
....
el baño

مطبخ
....
la cocina

غرفة النوم
....
el dormitorio

غرفة الأطفال
....
el cuarto de los chicos

غرفة الطعام
....
el comedor

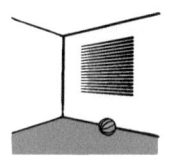

أرضية
el piso

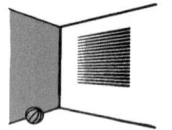

حائط
la pared

سقف
el cielorraso

قبو
el sótano

ساونا
el sauna

بلكون
el balcón

شرفة
la terraza

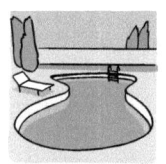

مسبح
la pileta

جزّازة العشب
la cortadora de pasto

بياضات السرير
la sábana

بطانية
el acolchado

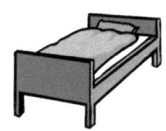

سرير
la cama

مكنسة
la escoba

سطل
el balde

مفتاح كهربائي
el interruptor

غرفة جلوس

el living

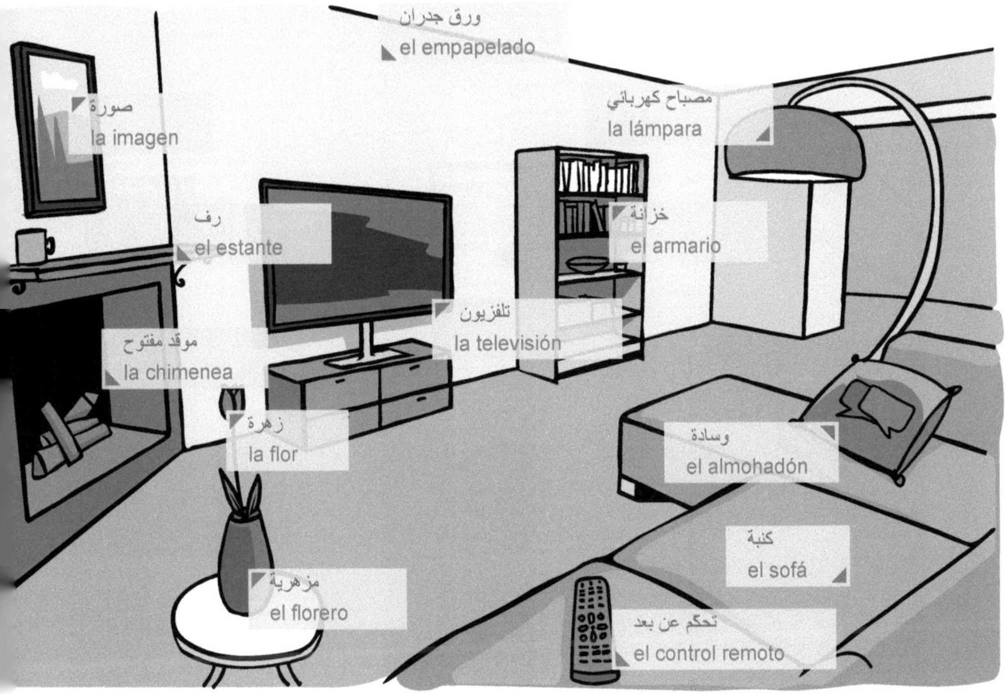

ورق جدران
el empapelado
صورة
la imagen
مصباح كهربائي
la lámpara
رف
el estante
خزانة
el armario
تلفزيون
la televisión
موقد مفتوح
la chimenea
زهرة
la flor
وسادة
el almohadón
كنبة
el sofá
مزهرية
el florero
تحكم عن بعد
el control remoto

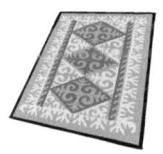

بصاط

la alfombra

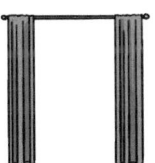

ستارة

la cortina

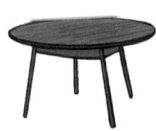

طاولة

la mesa

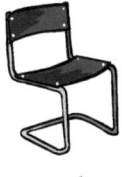

كرسي

la silla

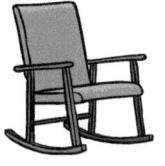

كرسي هزّاز

la mecedora

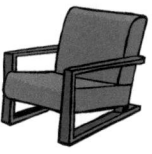

كرسي ذو ذراعين

el sillón

الكتاب

el libro

بطانية

la frazada

زخرفة

la decoración

الحطب

la leña

فيلم

la película

تجهيزات ستيريو

el equipo de música

مفتاح

la llave

جريدة

el diario

لوحة مرسومة

la pintura

مُلصق

el póster

راديو

la radio

دفتر ملاحظات

el cuaderno

المكنسة الكهربائية

la aspiradora

صبّار

el cactus

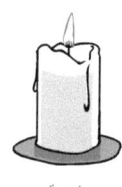

شمعة

la vela

مطبخ
la cocina

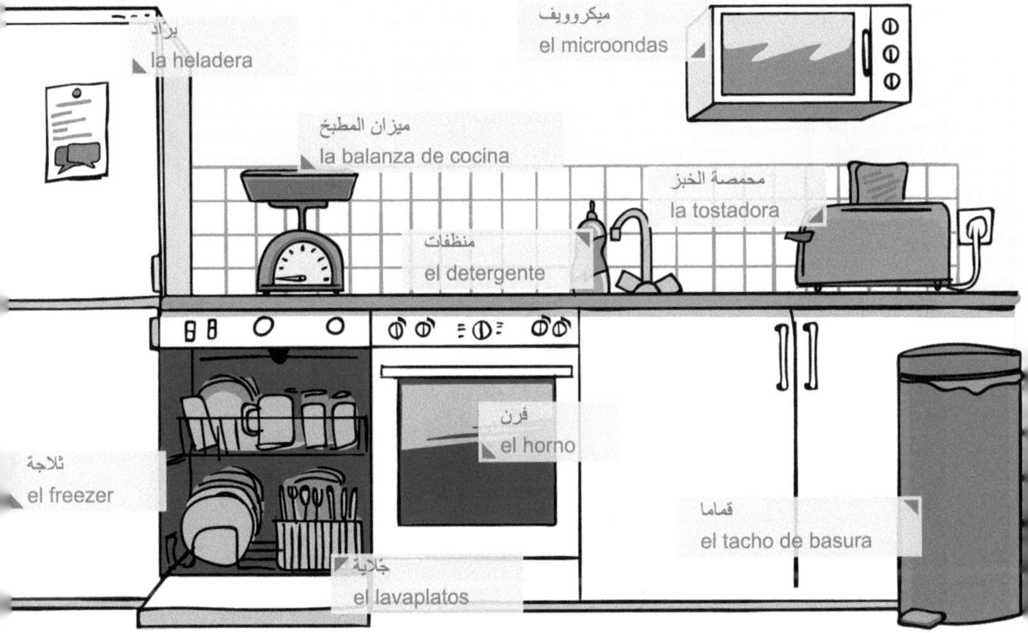
برّاد
la heladera
ميكروويف
el microondas
ميزان المطبخ
la balanza de cocina
محمصة الخبز
la tostadora
منظفات
el detergente
فرن
el horno
ثلاجة
el freezer
قمامة
el tacho de basura
جلاية
el lavaplatos

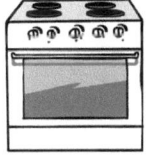

موقد
....
la cocina

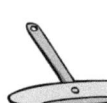

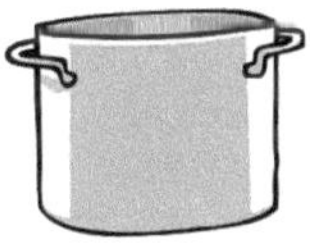
قِدر
....
la olla

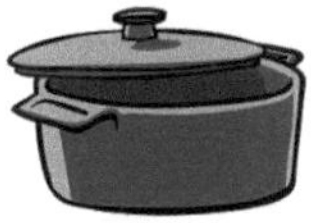
وعاء من الحديد
....
la olla de hierro fundido

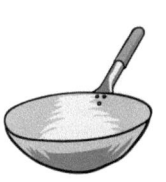

قدر صيني
....
el wok

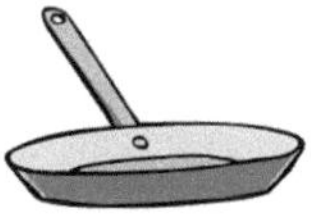

مقلاة
....
la sartén

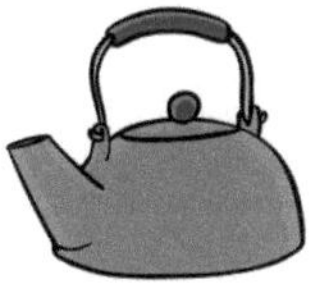
غلاية
....
la pava

قدر البخار

la vaporera

صينية

la bandeja de horno

أواني

la vajilla

فنجان

la taza

صحن

el bol

عيدان الأكل

los palitos

مغرفة

el cucharón

ملعقة منبسطة

la espátula

خقاقة

la batidora

مصفاة

el colador

مصفاة

el colador

ميشرة

el rallador

هاون

el mortero

شواء

la parrilla

موقد

la fogata

لوح التقطيع

la tabla de picar

نشّابة

el palo de amasar

مفتاح الزجاجات

el sacacorchos

علبة

la lata

مفتاح العلب المعدنية

el abrelatas

قماش الفرن

la manopla

مجلى

la pileta

فرشاة

el cepillo

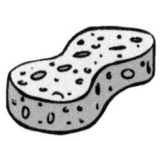

إسفنج

la esponja

خلاط

la batidora

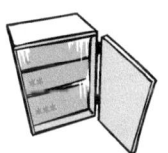

مجمّدة

el congelador

زجاجة الطفل

la mamadera

صنبور الماء

la canilla

الحمّام

el baño

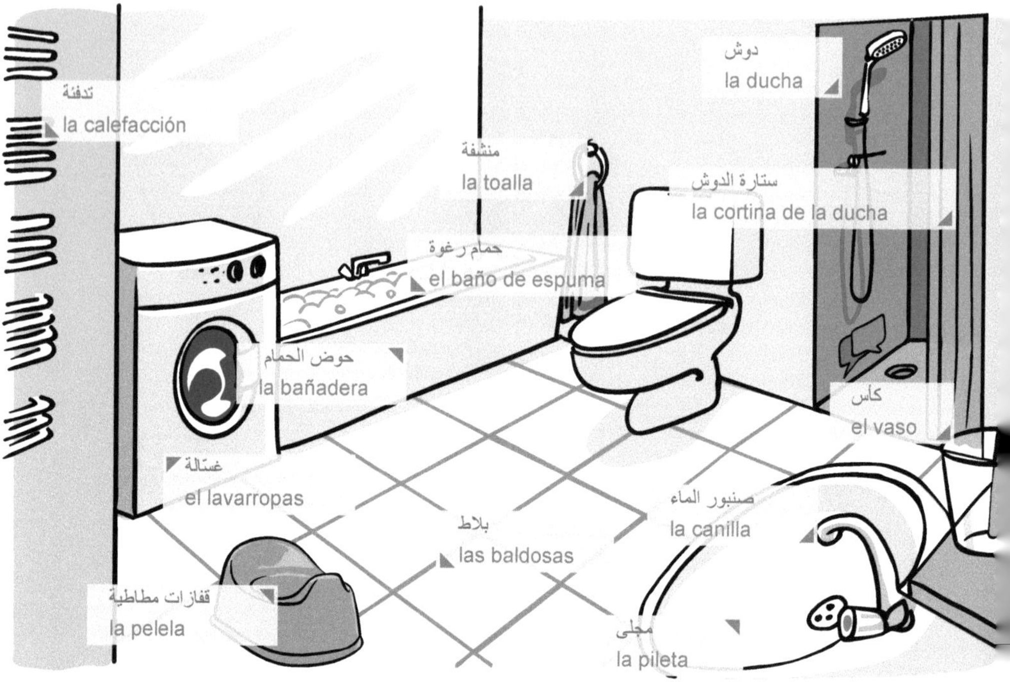

تدفئة
la calefacción
منشفة
la toalla
دوش
la ducha
ستارة الدوش
la cortina de la ducha
حمام رغوة
el baño de espuma
حوض الحمام
la bañadera
كأس
el vaso
غسّالة
el lavarropas
صنبور الماء
la canilla
بلاط
las baldosas
قفازات مطاطية
la pelela
مجلى
la pileta

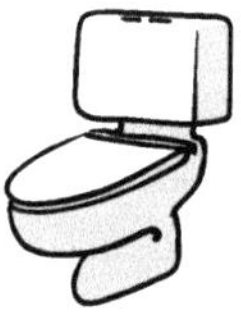

حمام

el inodoro

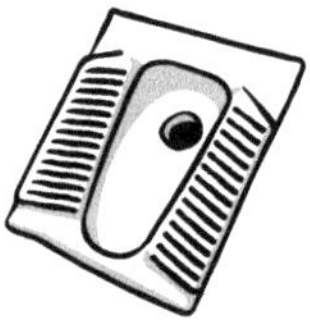

مرحاض القرفصاء

la letrina

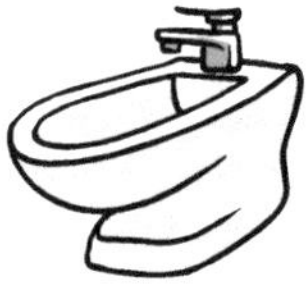

حوض التشطيف

el bidé

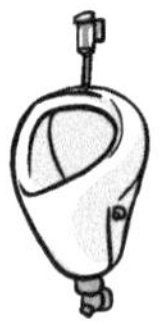

مبولة

el mingitorio

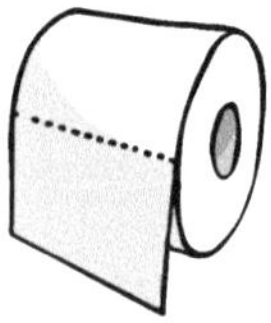

ورق المرحاض

el papel higiénico

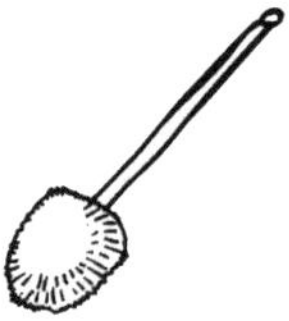

فرشاة الحمام

el cepillo para el inodoro

فرشاة الأسنان

el cepillo de dientes

معجون الأسنان

el dentífrico

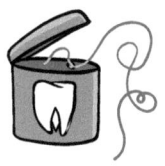

خيط حرير لتنظيف الأسنان

el hilo dental

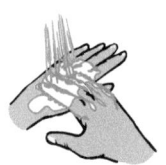

يغسل

lavar

رشاش ماء يدوي

la ducha de mano

شطاف

la ducha higiénica

حوض الغسيل

la palangana

فرشاة الظهر

el cepillo para la espalda

صابون

el jabón

جيل الدوش

el gel de ducha

شامبو

el shampoo

ممسحة

la toallita

مصرف للماء

el desagüe

مرهم

la crema

مزيل الروائح

el desodorante

مرآة

el espejo

مرآة يد

el espejito

موس حلاقة

la maquinita de afeitar

رغوة الحلاقة

la espuma de afeitar

كولونيا

el aftershave

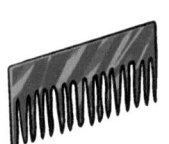

مشط

el peine

فرشاة

el cepillo

سشوار

el secador de pelo

مثبت للشعر

el spray

ماكياج

el maquillaje

روج

el lápiz de labios

طلاء أظافر

el esmalte para uñas

قطن

el algodón

مقص أظافر

la tijera para uñas

عطر

el perfume

سلة الغسيل

el portacosméticos

مقعد صغير

la banqueta

ميزان

la balanza

معطف الحمام

la bata

قفازات مطاطية

los guantes de goma

سدادة قطنية

el tampón

منشفة صحية

la toallita femenina

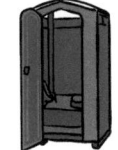

تواليت كيميائية

el baño químico

غرفة الأطفال
el cuarto de los chicos

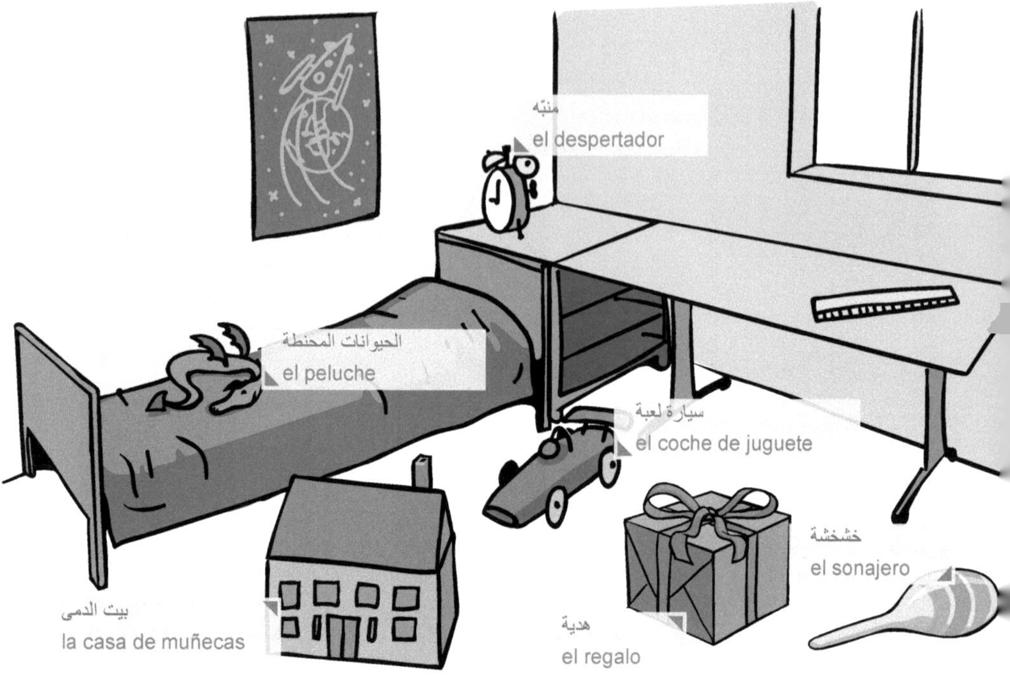

منبّه
el despertador
الحيوانات المحنطة
el peluche
سيارة لعبة
el coche de juguete
خشخشة
el sonajero
بيت الدمى
la casa de muñecas
هدية
el regalo

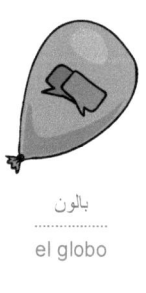

بالون

el globo

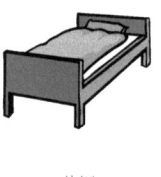

سرير

la cama

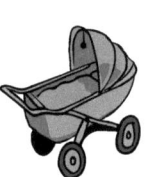

عربة الأطفال

el cochecito

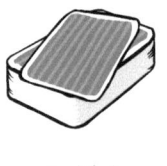

لعبة الورق

las cartas

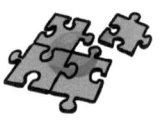

أحجية

el rompecabezas

SUPER MEGA

رسوم هزلية

la historieta

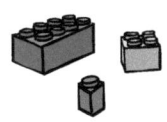

أحجار الليغو

las piezas de lego

حجارة تركيب

los ladrillos de juguete

دمية بطل

la figura de acción

لباس الطفل

el enterito (de bebé)

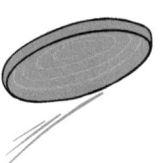

فريسبي

el frisbee

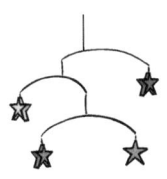

دمية معلّقة

el móvil para bebés

لعبة الطاولة

el juego de mesa

لعبة النرد

los dados

لعبة قطار

el tren eléctrico

مصّاصة

el chupete

حفلة

la fiesta

كتاب مصوّر

el libro de cuentos ilustrado

كرة

la pelota

دمية

la muñeca

يلعب

jugar

ملعب رملي للأطفال

el arenero

أرجوحة

la hamaca

لعبة

los juguetes

ألعاب فيديو

la consola de videojuegos

دراجة ثلاثية

el triciclo

دمية على شكل الدب

el osito de peluche

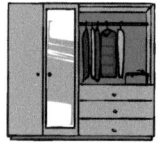

خزانة الثياب

el armario

ثياب

la ropa

جوارب قصيرة

las medias

جوارب طويلة

las medias panty

جورب بنطلون

las calzas

شال
la bufanda

شمسية
el paraguas

تي شيرت
la remera

حزام
el cinturón

حذاء شتوي
las botas

شبشب
las pantuflas

أحذية رياضية
las zapatillas

صندل
....
las sandalias

حذاء
....
los zapatos

جزمة كاوتشوك
....
las botas de goma

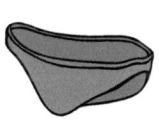

سروال داخلي
....
la ropa interior

صدّارة
....
el corpiño

قميص داخلي
....
el chaleco

لباس ملاصق للجسم

el body

بنطلون

los pantalones

جينز

los jeans

تنورة

la pollera

بلوزة

la blusa

قميص

la camisa

سترة قطنية

el pulóver

كنزة كم طويل

el buzo

سترة فضفاضة

el blazer

سترة

la campera

معطف

el tapado

معطف مطري

el piloto

زي - طقم نسائي

el traje

ثوب

el vestido

ثوب الزفاف

el vestido de novia

طقم

el traje

قميص نوم

el camisón

بيجاما

el pijama

ساري

el sari

حجاب

el pañuelo para la cabeza

عمامة

el turbante

برقع

la burka

قفطان

el caftán

عباءة

la abaya

مايوه

el traje de baño

سروال سباحة

el short de baño

شرت

los shorts

بدلة رياضية

el jogging

منزر

el delantal

قفازات

los guantes

ثياب - la ropa   47

زر
el botón

نظّارة
los anteojos

إسوارة
la pulsera

عقد
el collar

خاتم
el anillo

قرط
el aro

طاقية
la gorra

علاقة ثياب
la percha

قبّعة
el sombrero

ربطة العنق
la corbata

سحّاب
el cierre

خوذة
el casco

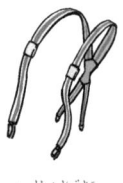

حمّالة البنطلون
los tiradores

اللباس المدرسي
el uniforme escolar

زي موحّد
el uniforme

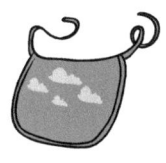

مريلة الأطفال
....
el babero

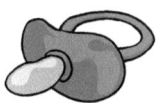

مصّاصة
....
el chupete

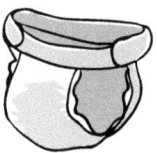

لفافة
....
el pañal

مكتب

la oficina

المخدّم
el servidor
خزانة الملفات
el archivero
طابعة
la impresora
ورقة
el papel
شاشة
el monitor
فارة
el mouse
طاولة المكتب
el escritorio
ملف
la carpeta
لوحة المفاتيح
el teclado
قماما
el tacho (de basura)
حاسوب
la computadora
كرسي
la silla

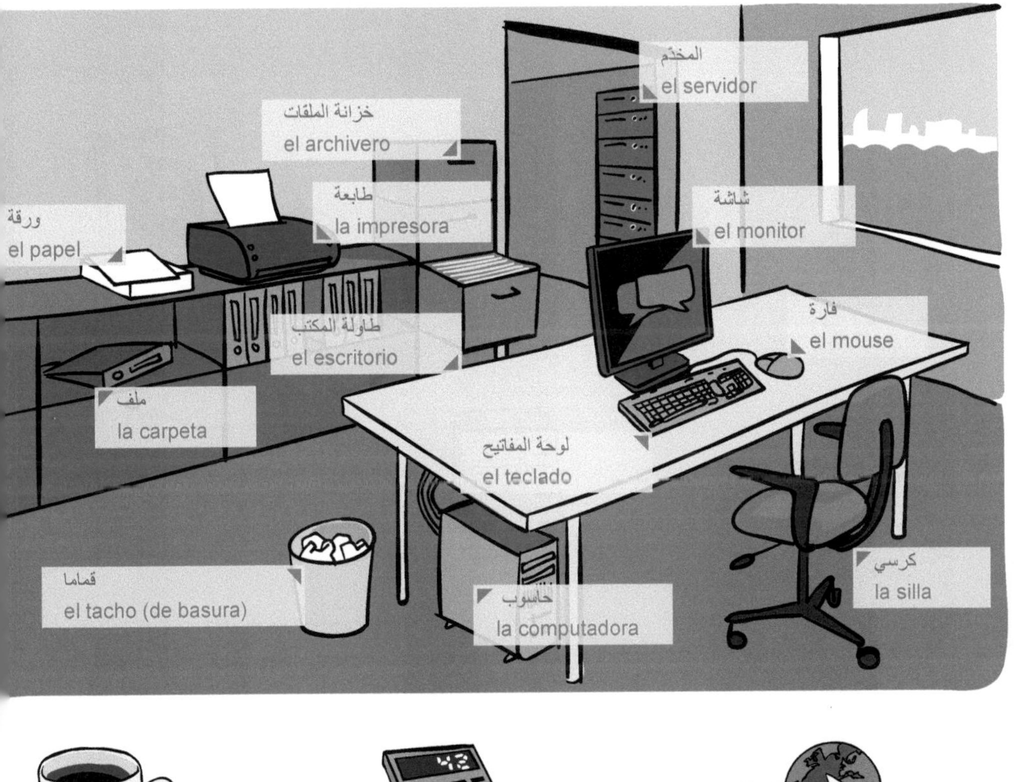

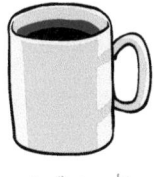

كأس من القهوة
....
la taza de café

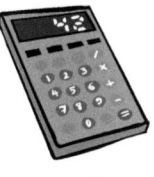

الآلة الحاسبة
....
la calculadora

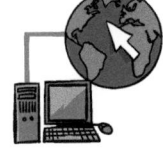

الإنترنت
....
el internet

الحاسوب المحمول

la laptop

رسالة

la carta

خبر

el mensaje

الهاتف المحمول

el celular

شبكة

la red

جهاز تصوير

la fotocopiadora

البرمجيات

el software

هاتف

el teléfono

مقبس كهربائي

el tomacorriente

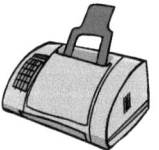

فاكس

el fax

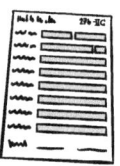

استمارة

el formulario

وثيقة

el documento

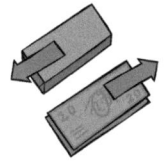

يشتري

comprar

يدفع

pagar

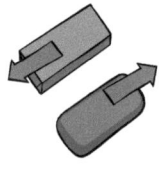

يتاجر

hacer negocios

مال

el dinero

دولار

el dólar

يورو

el euro

ين

el yen

 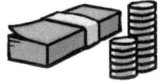

روبل

el rublo

فرنك سويسري

el franco suizo

يوان

el yuan

روبية

la rupia

صرّاف آلي

el cajero automático

مكتب صرّافة

la casa de cambio

ذهب

el oro

فضة

la plata

نفط

el petróleo

طاقة

la energía

سعر

el precio

عقد

el contrato

ضريبة

el impuesto

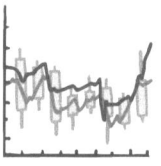

سهم

la acción

يعمل

trabajar

موظّف

el empleado

ربّ العمل

el empleador

مصنع

la fábrica

متجر

el negocio

المِهَن
las ocupaciones

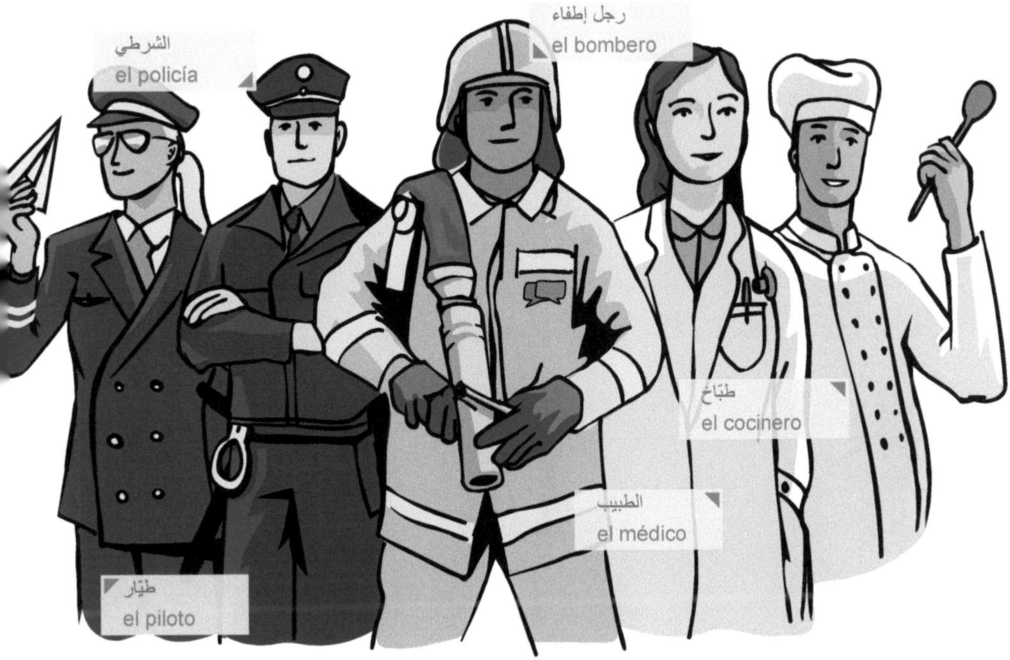

رجل إطفاء
el bombero
الشرطي
el policía
طبّاخ
el cocinero
الطبيب
el médico
طيّار
el piloto

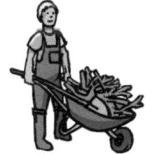

بستاني

el jardinero

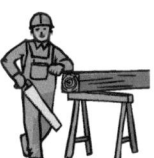

نجّار

el carpintero

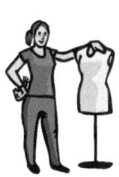

خيّاطة

la modista

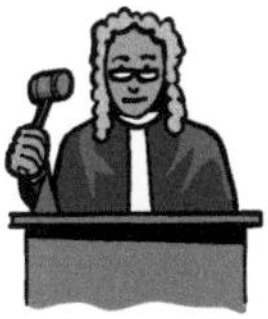

قاض

el juez

كيميائي

el farmacéutico

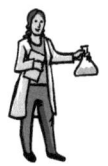

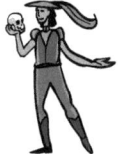

ممثل

el actor

سائق حافلة

el colectivero

سائق تاكسي

el taxista

صياد سمك

el pescador

أجيرة للتنظيف

la mucama

بنّاء سقف

el techista

نادل

el mozo

صيّاد

el cazador

رسّام

el pintor

خبّاز

el panadero

كهربائي

el electricista

عامل بناء

el albañil

مهندس

el ingeniero

لحّام

el carnicero

سمكري

el plomero

ساعي البريد

el cartero

جندي

el soldado

مهندس معماري

el arquitecto

أمين صندوق

el cajero

بائع الزهور

el florista

حلاق

el peluquero

مراقب القطار

el cobrador

ميكانيكي

el mecánico

قبطان

el capitán

طبيب أسنان

el dentista

رجل العلم

el científico

حاخام

el rabino

إمام

el imán

راهب

el monje

كاهن

el sacerdote

عدة عمل

las herramientas

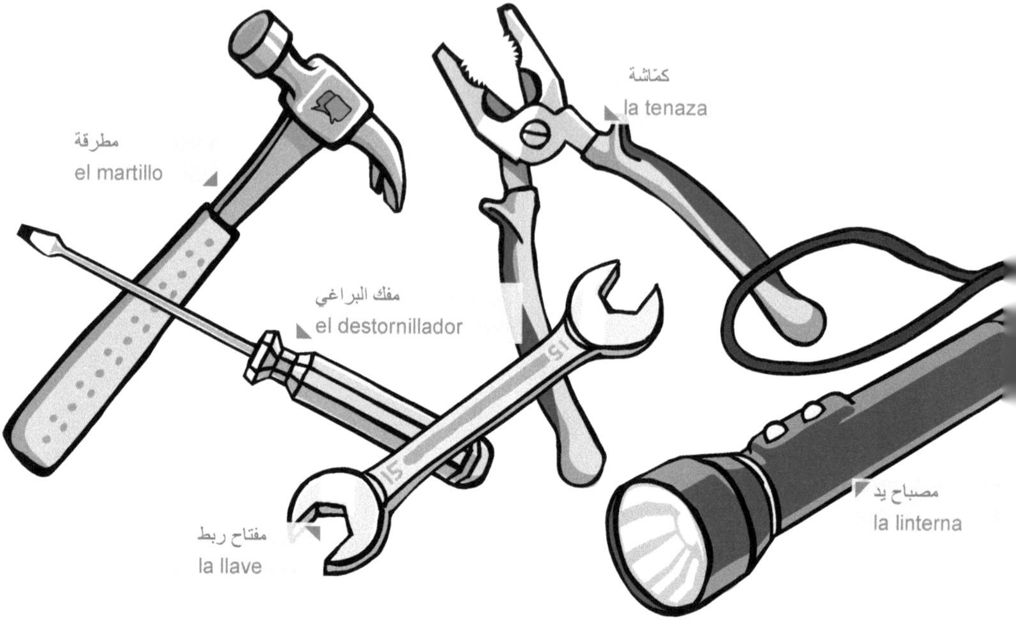
كمّاشة
la tenaza
مطرقة
el martillo
مفك البراغي
el destornillador
مصباح يد
la linterna
مفتاح ربط
la llave

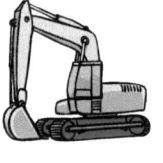

جرافة

....

la excavadora

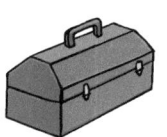

صندوق العدة

....

la caja de herramientas

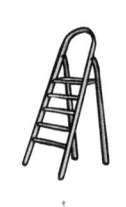

سلّم

....

la escalera portátil

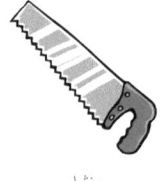

منشار

....

la sierra

مسامير

....

los clavos

مثقب

....

el taladro

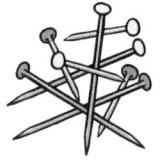

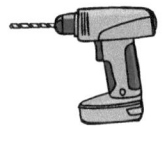

يصلح
....
arreglar

مجرفة
....
la pala de jardín

اللعنة
....
¡Qué bronca!

لقاطة الكناسة
....
la pala de plástico

سطل الألوان
....
el tacho de pintura

براغي
....
los tornillos

آلات موسيقية

los instrumentos musicales

مكبر الصوت
el parlante

آلات الإيقاع
la batería

غيتار
la guitarra

كمان أجهر
el contrabajo

بوق
la trompeta

بيانو
....
el piano

كمنجة
....
el violín

جهير
....
el bajo

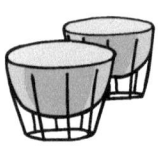

طبل كبير
....
los timbales

طبل
....
el tambor

بيانو كهرباني
....
el teclado

ساكسوفون
....
el saxofón

ناي
....
la flauta

ميكروفون
....
el micrófono

حديقة حيوانات

el zoológico

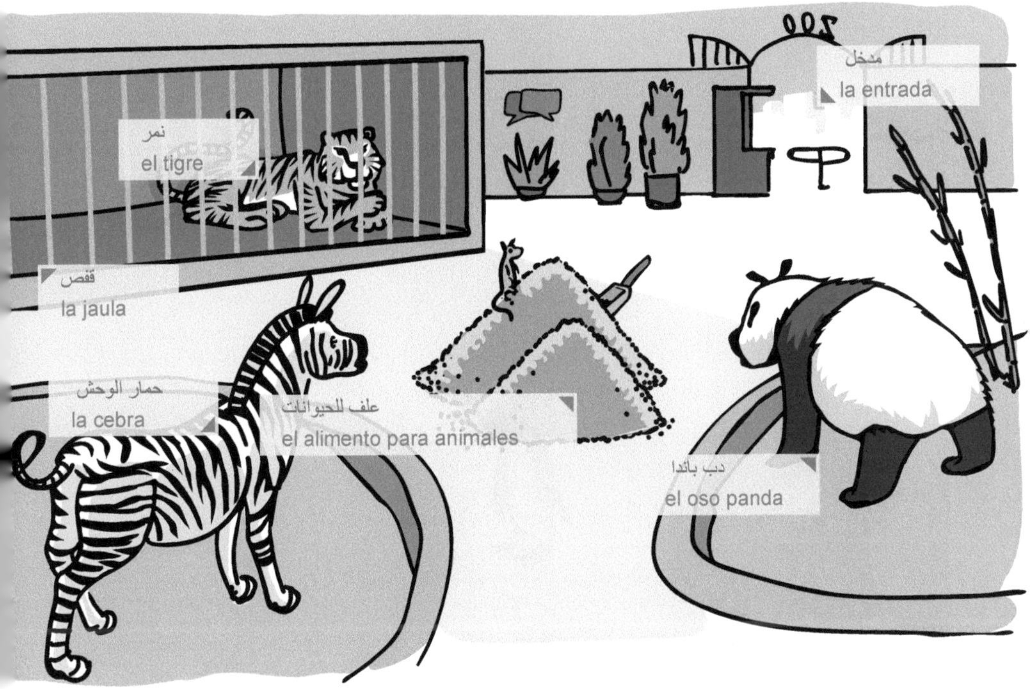
نمر
el tigre
قفص
la jaula
حمار الوحش
la cebra
علف للحيوانات
el alimento para animales
مدخل
la entrada
دب باندا
el oso panda

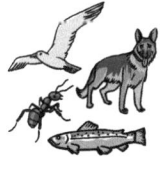

حيوانات
....
los animales

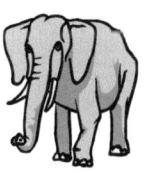

فيل
....
el elefante

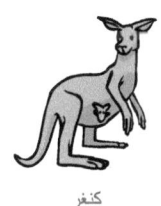

كنغر
....
el canguro

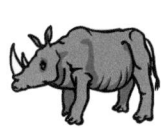

وحيد القرن
....
el rinoceronte

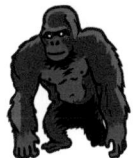

غوريلا
....
el gorila

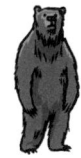

دب
....
el oso

جمل

el camello

نعامة

el avestruz

أسد

el león

قرد

el mono

طائر فلامينغو

el flamenco

ببغاء

el loro

دب قطبي

el oso polar

بطريق

el pingüino

سمك القرش

el tiburón

طاووس

el pavo real

أفعى

la serpiente

تمساح

el cocodrilo

حارس في حديقة الحيوان

el cuidador del zoológico

عجل البحر

la foca

نمر أمريكي مرقط

el jaguar

فرس قزم
el poni

نمر
el leopardo

فرس النهر
el hipopótamo

زرافة
la jirafa

نسر
el águila

خنزير برّي
el jabalí

سمك
el pescado

سلحفاة
la tortuga

حيوان فظ البحري
la morsa

ثعلب
el zorro

غزال
la gacela

كرة القدم الأمريكية
el fútbol americano

ركوب الدراجات
el ciclismo

كرة التنس
el tenis

كرة السلة
el básquet

السباحة
la natación

الملاكمة
el boxeo

هوكي الجليد
el hockey sobre hielo

كرة القدم
el fútbol

الريشة الطائرة
el bádminton

ألعاب القوى الخفيفة
el atletismo

كرة اليد
el handball

التزلج على الثلج
el esquí

بولو
el polo

نشاطات

las actividades

يقفز
saltar
يعانق
abrazar
يضحك
reír
يمشي
caminar
يغنّي
cantar
يحلم
soñar
يصلّي
rezar
يقبل
besar

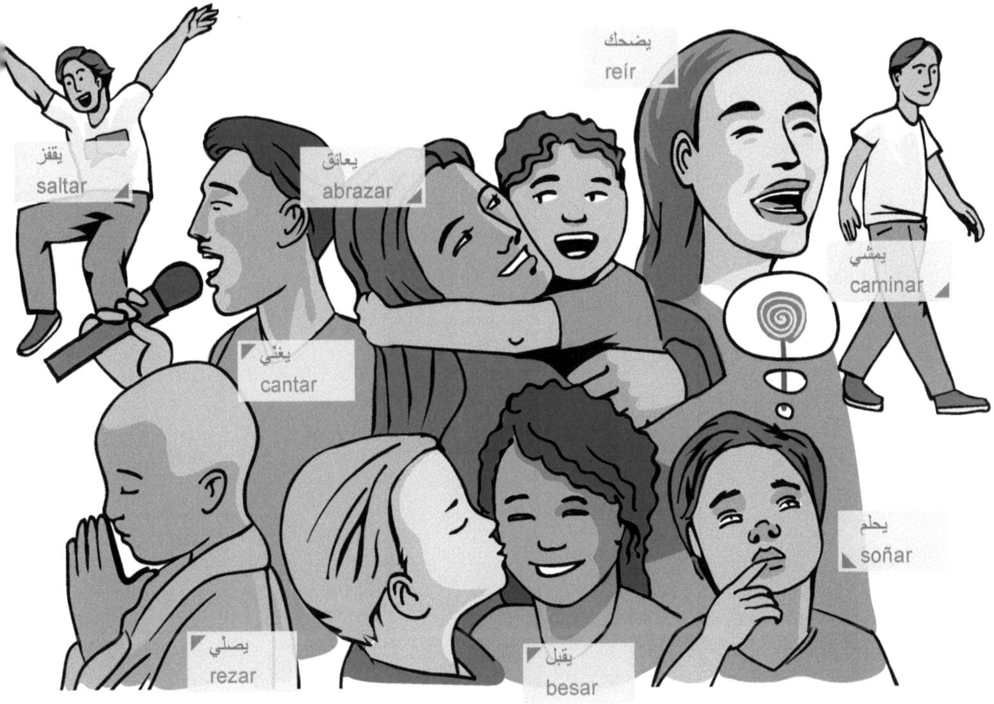

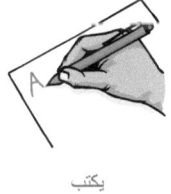

يكتب

escribir

يرسم

dibujar

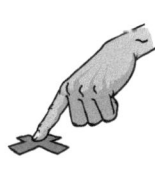

يُري

mostrar

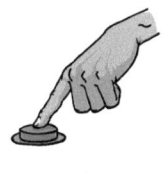

يدفع

presionar

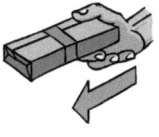

يعطي

dar

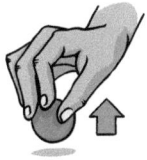

يأخذ

tomar

يملك

tener

يعمل

hacer

يوجد

ser

يقف

estar parado

يركض

correr

يسحب

tirar

يرمي

tirar

يقع

caer

يستلقي

estar acostado

ينتظر

esperar

يحمل

llevar

يجلس

estar sentado

يلبس

vestirse

ينام

dormir

يستيقظ

despertar

ينظر إلى ..

mirar

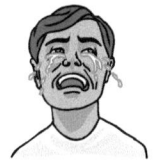

يبكي

llorar

يمسّد

acariciar

يمشّط

peinar

يتكلم

hablar

يفهم

entender

يسأل

preguntar

يسمع

escuchar

يشرب

beber

يأكل

comer

يرتب

ordenar

يحب

amar

يطبخ

cocinar

يقود

manejar

يطيّر

volar

يبحر بزورق شراعي

navegar

يحسب

calcular

يقرأ

leer

يتعلم

aprender

يعمل

trabajar

يتزوج

casarse

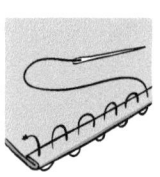

يخيط

coser

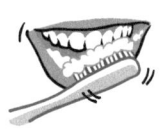

ينظف أسنانه

cepillarse los dientes

يقتّل

matar

يدخّن

fumar

يرسل

enviar

عائلة

la familia

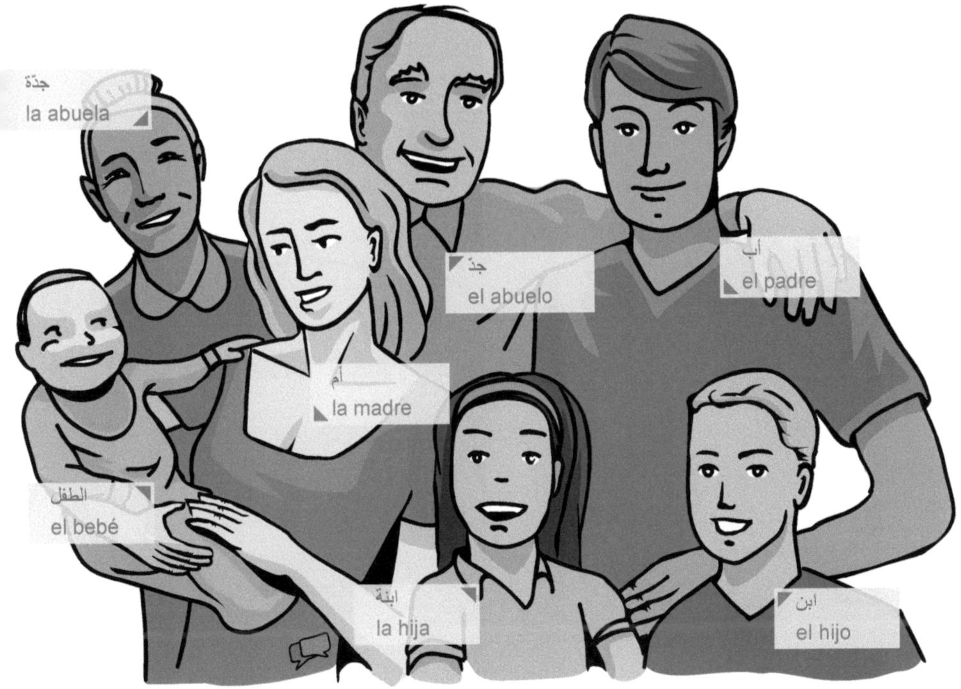
جدّة
la abuela
جدّ
el abuelo
أب
el padre
أم
la madre
الطفل
el bebé
ابنة
la hija
ابن
el hijo

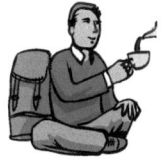

ضيف
el invitado

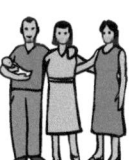

عمّة / خالة
la tía

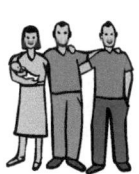

عمّ / خال
el tío

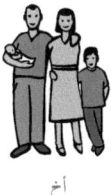

أخ
el hermano

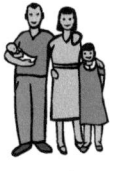

أخت
la hermana

الجسم
el cuerpo

الجبين
la frente
العين
el ojo
الكتف
el hombro
الإصبع
el dedo
الوجه
la cara
الذقن
la pera
اليد
la mano
الساق
la pierna
الصدر
el pecho
الذراع
el brazo

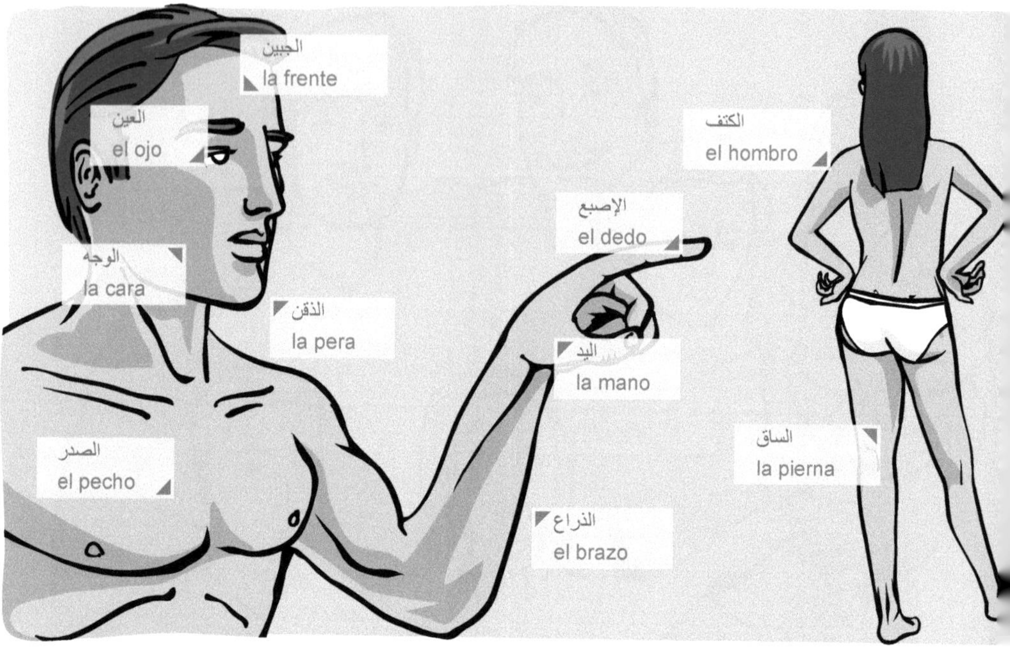

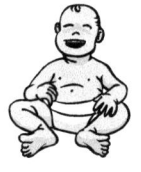

الطفل

el bebé

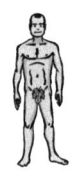

الرجل

el hombre

المرأة

la mujer

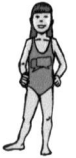

البنت

la nena

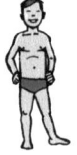

الولد

el nene

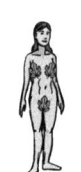

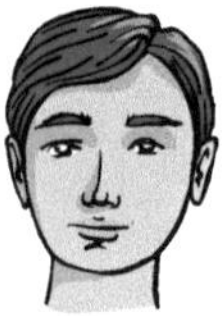

الرأس

la cabeza

الظهر

la espalda

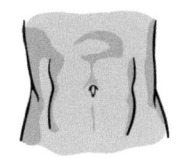

البطن

la panza

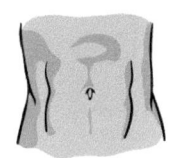

السرّة

el ombligo

إصبع القدم

el dedo del pie

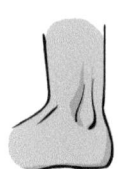

الكعب

el talón

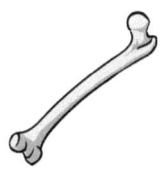

العظم

el hueso

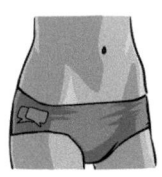

الورك

la cadera

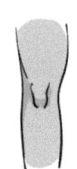

الركبة

la rodilla

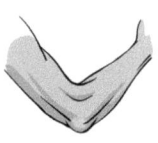

المِرفق

el codo

الأنف

la nariz

العَجُز

la cola

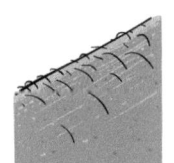

البَشرة

la piel

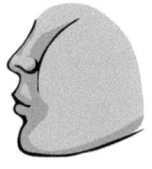

الخد

el cachete

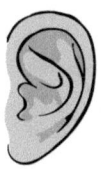

الأذن

la oreja

الشفة

el labio

الفم

la boca

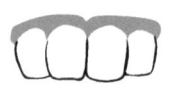

السن

el diente

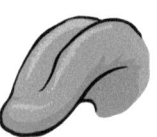

اللسان

la lengua

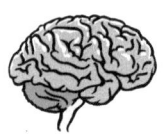

الدماغ

el cerebro

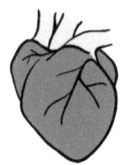

القلب

el corazón

العضلة

el músculo

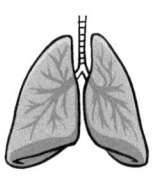

الرئة

el pulmón

الكبد

el hígado

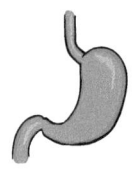

المعدة

el estómago

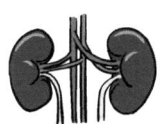

الكلى

los riñones

الاتصال الجنسي

el sexo

الواقي المطاطي

el preservativo

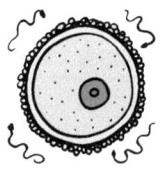

البويضة

el óvulo

المنيّ

el semen

الحمل

el embarazo

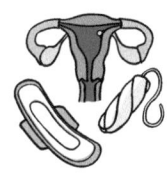

الحيض

la menstruación

المهبل

la vagina

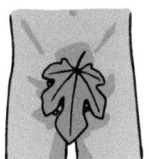

القضيب

el pene

الحاجب

la ceja

الشعر

el pelo

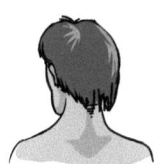

الرقبة

el cuello

المستشفى

el hospital

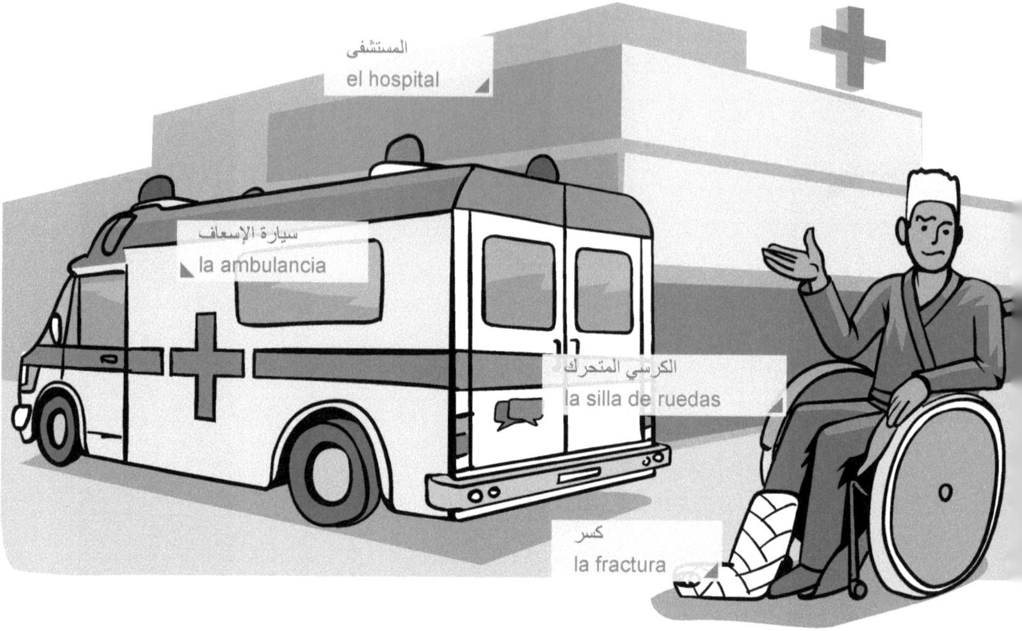

المستشفى
el hospital
سيارة الإسعاف
la ambulancia
الكرسي المتحرك
la silla de ruedas
كسر
la fractura

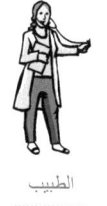

الطبيب

el médico

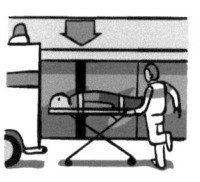

غرفة الإسعاف

la sala de guardia

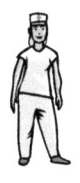

الممرضة

la enfermera

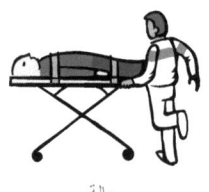

حالة

la emergencia

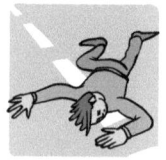

مغمى عليه

inconsciente

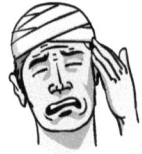

الألم

el dolor

إصابة

la lesión

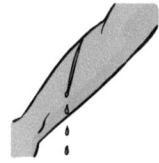

النزيف

la hemorragia

احتشاء القلب

el infarto

جلطة

el ACV

حسسية

la alergia

السعال

la tos

الحُمّى

la fiebre

إنفلونزا

la gripe

الإسهال

la diarrea

وجع الرأس

el dolor de cabeza

السرطان

el cáncer

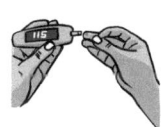

مرض السكر

la diabetes

جرّاح

el cirujano

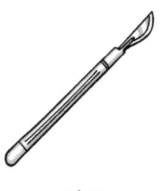

مبضع

el bisturí

عملية

la operación

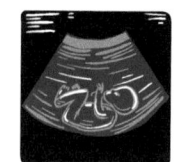

سيتي سكان

la TC

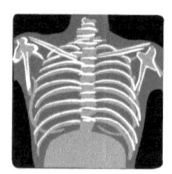

الأشعة السينية

los rayos x

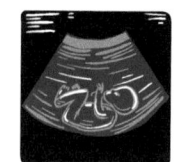

فوق الصوتي

la ecografía

القناع

el barbijo

المرض

la enfermedad

غرفة الانتظار

la sala de espera

العُكّاز

la muleta

شريط لاصق

la curita

ضماد

la venda

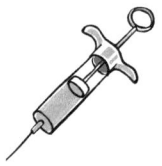

حقنة

la inyección

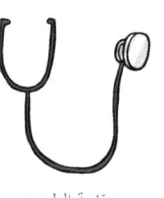

سمّاعة الطبيب

el estetoscopio

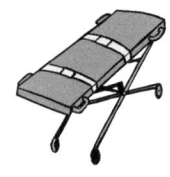

نقالة

la camilla

ميزان حرارة

el termómetro

ولادة

el nacimiento

وزن زائد

el sobrepeso

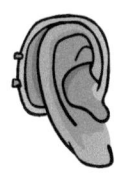

جهاز السمع

el audífono

المواد المعقمة

el desinfectante

عدوى

la infección

فيروس

el virus

الإيدز

el VIH / SIDA

الطب

el remedio

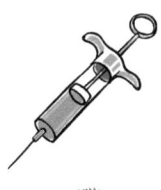

اللقاح

la vacunación

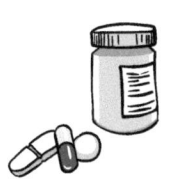

أقراص الدواء

los comprimidos

حبّة الدواء

la pastilla anticonceptiva

نداء النجدة

llamada de emergencia

مقياس ضغط الدم

el tensiómetro

مريض / صحيح

enfermo / sano

la emergencia

النجدة!

¡Ayuda!

إنذار

la alarma

اعتداء

la agresión

هجوم

el ataque

خطر

el peligro

مخرج طوارئ

la salida de emergencia

حريق!

¡Fuego!

جهاز الإطفاء

el matafuego

حادث

el accidente

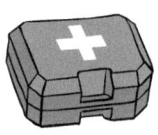

حقيبة الإسعاف الأولي

el botiquín de primeros
auxilios

أنقذونا

el SOS

الشرطة

la policía

أوروبا

Europa

أمريكا الشمالية

América del Norte

أمريكا الجنوبية

América del Sur

أفريقيا

África

آسيا

Asia

أستراليا

Australia

المحيط الأطلسي

el Atlántico

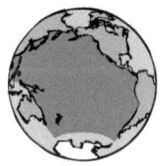

المحيط الهادي

el Pacífico

المحيط الهندي

el Océano Índico

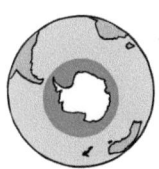

المحيط المتجمد الجنوبي

el Océano Antártico

المحيط المتجمد الشمالي

el Océano Ártico

القطب الشمالي

el polo norte

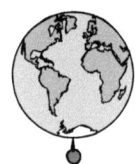

القطب الجنوبي

el polo sur

منطقة القطب الجنوبي

la Antártida

أرض

la Tierra

بر

la tierra

بحر

el mar

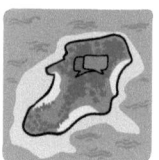

جزيرة

la isla

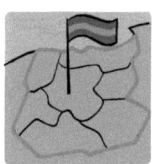

أمة

la nación

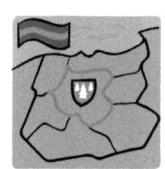

دولة

el estado

ميناء الساعة

la esfera

عقرب الساعات

la manecilla de las horas

عقرب الدقائق

el minutero

عقرب الثواني

el segundero

كم الساعة الآن؟

¿Qué hora es?

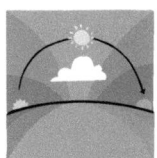

يوم

el día

زمن

la hora

الآن

ahora

ساعة رقمية

el reloj digital

دقيقة

el minuto

ساعة

la hora

الإثنين
lunes

الأربعاء
miércoles

الجمعة
viernes

الثلاثاء
martes

الخميس
jueves

السبت
sábado

الأحد
domingo

الأمس
ayer

اليوم
hoy

غداً
mañana

الصباح
la mañana

الظهر
el mediodía

المساء
la tarde

أيام العمل
los días hábiles

نهاية الأسبوع
el fin de semana

سنة
el año

مطر
la lluvia
قوس قزح
el arco iris
ثلج
la nieve
ريح
el viento
الربيع
la primavera
الخريف
el otoño
الصيف
el verano
الشتاء
el invierno

4.APRIL 11°
5.APRIL 4°
6.APRIL 13°
7.APRIL 8°
8.APRIL 10°

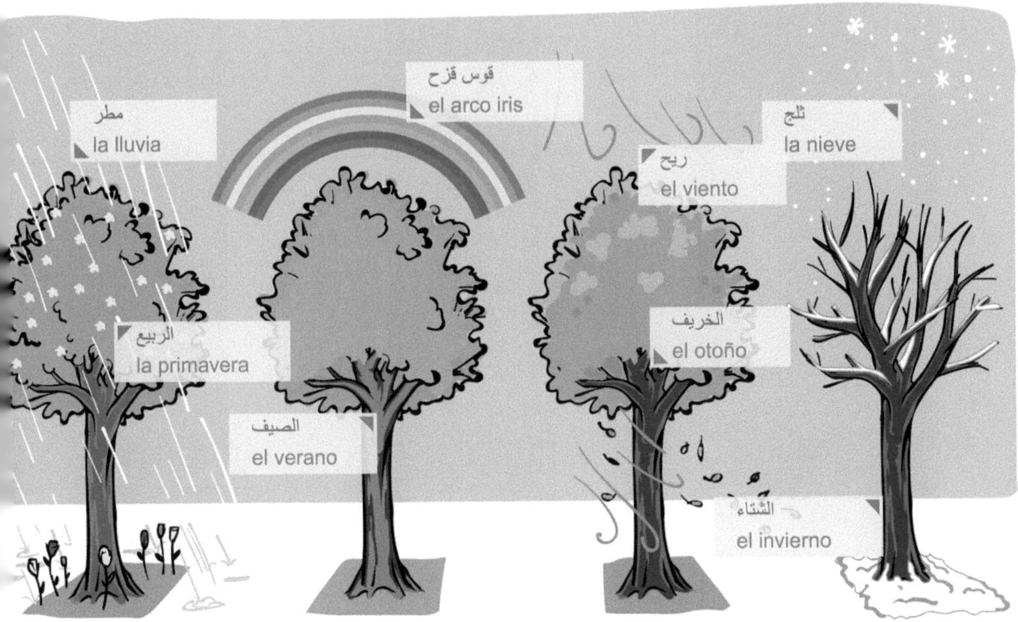

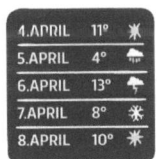

التنبؤ بالحالة الجوية

....

pronóstico meteorológico

F C
120 40
90 30
60 20
30 10
0 0
-30 -10
-20

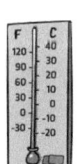

مقياس حرارة

....

el termómetro

ضوء الشمس

....

la luz del sol

سحابة

....

la nube

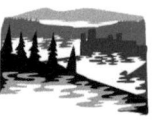

ضباب

....

la niebla

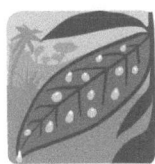

رطوبة الجو

....

la humedad

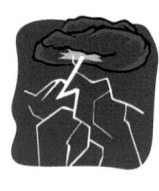

برق

el rayo

رعد

el trueno

عاصفة

la tormenta

بَرَد

el granizo

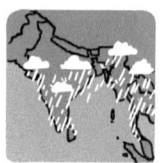

ريح موسمية

el monzón

طوفان

la inundación

جليد

el hielo

كانون الثاني / يناير

enero

شباط / فبراير

febrero

أذار / مارس

marzo

نيسان / أبريل

abril

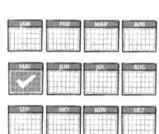

أيار / مايو

mayo

حزيران / يونيو

junio

تموز / يوليو

julio

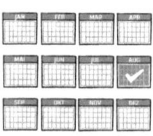

آب / أغسطس

agosto

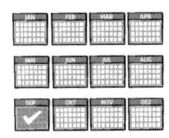

أيلول / سبتمبر
....
septiembre

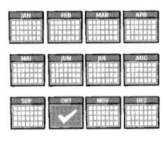

تشرين الأول / أكتوبر
....
octubre

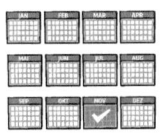

تشرين الثاني / نوفمبر
....
noviembre

كانون الأول / ديسمبر
....
diciembre

أشكال

las formas

دائرة
....
el círculo

مربّع
....
el cuadrado

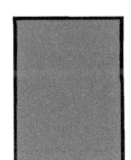

مستطيل
....
el rectángulo

مثلث
....
el triángulo

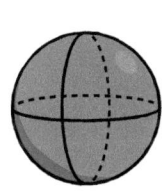

كرة
....
la esfera

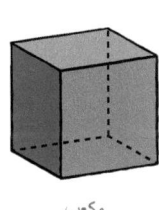

مكعب
....
el cubo

أبيض

blanco

أصفر

amarillo

برتقالي

naranja

وردي

rosa

أحمر

rojo

بنفسجي

violeta

أزرق

azul

أخضر

verde

بنّي

marrón

رمادي

gris

أسود

negro

los opuestos

كثير / قليل

mucho / poco

غضبان / هادئ

enojado / tranquilo

جميل / قبيح

lindo / feo

بداية / نهاية

el principio / el fin

كبير / صغير

grande / chico

فاتح / قاتم

claro / oscuro

أخ / أخت

el hermano / la hermana

نظيف / وسخ

limpio / sucio

كامل / ناقص

completo / incompleto

نهار / ليل

el día / la noche

ميت / حيّ

muerto / vivo

عريض / ضيّق

ancho / angosto

صالح للأكل / غير صالح

comestible / no comestible

شرّير / لطيف

malo / amable

مثير / ممل

entusiasmado / aburrido

سمين / نحيف

gordo / flaco

أولا / أخيرا

primero / último

صديق / عدو

el amigo / el enemigo

مليء / فارغ

lleno / vacío

صلب / ليّن

duro / blando

ثقيل / خفيف

pesado / liviano

جوع / عطش

el hambre / la sed

مريض / صحيح

enfermo / sano

غير شرعي / شرعي

ilegal / legal

ذكي / غبي

inteligente / estúpido

يسار / يمين

izquierda / derecha

قريب / بعيد

cerca / lejos

جديد / مستعمل

nuevo / usado

لا شيء / بعض الشيء

nada / algo

مسن / شاب

viejo / joven

يشعل / يطفئ

encendido / apagado

مفتوح / مغلق

abierto / cerrado

خافت / عال

silencioso / ruidoso

غني / فقير

rico / pobre

صح / خطأ

correcto / incorrecto

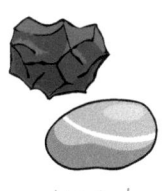

أحرش / املس

áspero / suave

حزين / سعيد

triste / contento

قصير / طويل

corto / largo

بطيء / سريع

lento / rápido

مبلول / جاف

mojado / seco

ساخن / بارد

caliente / frío

حرب / سلم

guerra / paz

los números

0

صفر

cero

1

واحد

uno

2

اثنان

dos

3

ثلاثة

tres

4

أربعة

cuatro

5

خمسة

cinco

6

ستة

seis

7

سبعة

siete

8

ثمانية

ocho

9

تسعة

nueve

10

عشرة

diez

11

أحد عشر

once

12

اثنا عشر
....
doce

13

ثلاثة عشر
....
trece

14

أربعة عشر
....
catorce

15

خمسة عشر
....
quince

16

ستة عشر
....
dieciséis

17

سبعة عشر
....
diecisiete

18

ثمانية عشر
....
dieciocho

19

تسعة عشر
....
diecinueve

20

عشرون
....
veinte

100

مائة
....
cien

1.000

ألف
....
mil

1.000.000

مليون
....
el millón

los idiomas

الإنكليزية

el inglés

الإنكليزية الأمريكية

el inglés americano

لغة ماندارين الصينية

el chino mandarín

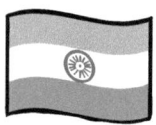

الهندية

el hindi

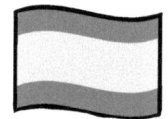

الإسبانية

el español

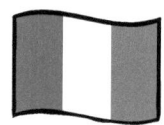

الفرنسية

el francés

العربية

el árabe

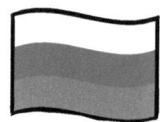

الروسية

el ruso

البرتغالية

el portugués

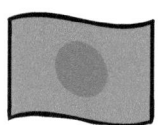

البنغالية

el bengalí

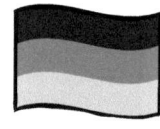

الألمانية

el alemán

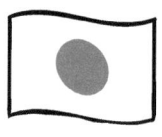

اليابانية

el japonés

أنا
yo

أنت
vos

هو / هي
él / ella

نحن
nosotros

أنتم
ustedes

هم
ellos

من؟
¿quién?

ماذا؟
¿qué?

كيف؟
¿cómo?

أين؟
¿dónde?

متى؟
¿cuándo?

اسم
el nombre

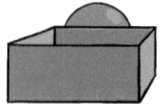

خلف

detrás

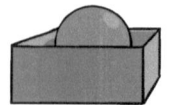

في

en

أمام

adelante de

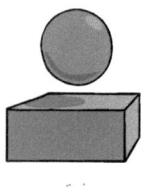

فوق

por encima de

على

sobre

تحت

debajo de

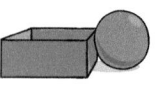

جنب

al lado de

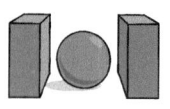

بين

entre

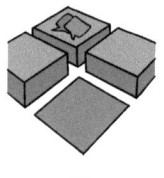

مكان

el lugar